DIX JOURS
D'EXPLORATION

JOURNAL DE MARCHE

DE LA 4ᵉ DIVISION DE CAVALERIE ALLEMANDE

DU 16 AU 26 AOUT 1870

PAR V. D'URBAL

PARIS
LIBRAIRIE MILITAIRE DE L. BAUDOIN ET Cᵉ
IMPRIMEURS-ÉDITEURS
30, Rue et Passage Dauphine, 30

1888
Tous droits réservés

Extrait du Journal des Sciences miiltaires

(Janvier 1888.)

Paris. — Imprimerie L. Baudoin et Cᵉ, 2, rue Christine.

DIX JOURS
D'EXPLORATION

JOURNAL DE MARCHE

DE LA 4° DIVISION DE CAVALERIE ALLEMANDE

DU 16 AU 26 AOUT 1870

Par V. D'URBAL

PARIS

LIBRAIRIE MILITAIRE DE L. BAUDOIN ET C°

IMPRIMEURS-ÉDITEURS

30, Rue et Passage Dauphine, 30

1888

Tous droits réservés.

DIX JOURS D'EXPLORATION.

JOURNAL DE MARCHE DE LA 4ᵉ DIVISION DE CAVALERIE ALLEMANDE DU 16 AU 26 AOUT 1870.

La *Revue de cavalerie* publiait tout dernièrement un article sur la cavalerie, dont le titre : *Indépendante ou inutile*, définit assez nettement l'esprit. Il pourrait servir d'épigraphe à cette étude, infiniment plus modeste.

A coup sûr, le sujet que j'ai essayé de traiter est loin d'être nouveau. J'allais dire qu'il en est peu d'aussi rebattus. Cela signifie peut-être qu'il est toujours bon à méditer. J'oserai même prétendre qu'il l'est plus que jamais.

Tout le monde n'est pas encore assez convaincu, chez nous, de la nécessité de laisser à la cavalerie ses coudées franches. Il ne serait pas besoin de chercher bien loin pour trouver la preuve de ce que j'avance. Or, *cavalerie trop enrênée : exploration nulle ou quasi nulle*. C'est, je l'espère, l'idée principale qui ressortira de ce travail. J'y ai suivi pas à pas la marche de la 4ᵉ division de cavalerie, en avant de la IIIᵉ armée. Prenant pour guide l'ouvrage du grand état-major allemand et les historiques des régiments de cavalerie de la IIIᵉ armée (ceux du moins trop rares qui ont été publiés), j'ai tenté de relever, jour par jour, la trace de chacun de ses escadrons, de chacune de ses patrouilles.

Je ne me dissimule pas les difficultés d'une pareille reconstitution. Parfois, faute de renseignements suffisants, il m'a été impossible de déterminer autrement que d'une façon approximative la position de quelques escadrons. Peut-être aussi, malgré tout le soin que j'ai apporté à contrôler les documents originaux, n'ai-je pu éviter quelques erreurs de détail. Pas plus que qui que ce soit, je ne prétends à l'infaillibilité. Du moins, le travail que je soumets aujourd'hui à mes camarades est-il le fruit d'une étude consciencieuse. Aussi, j'ose espérer que s'il leur arrive d'y relever quelques inexactitudes, ils voudront bien ne pas m'en tenir rigueur.

Tandis que la Ire et la IIe armées allaient livrer sous Metz des batailles décisives, la IIIe armée atteignait les abords de la Meurthe et poussait ses têtes de colonne jusque sur la haute Moselle.

« Au quartier général du prince royal de Prusse, à Lunéville, dit le grand état-major, on continuait, à cette époque, à manquer d'indications précises sur le 5e corps français ; on se croyait seulement fondé à admettre que sa retraite avait eu lieu vers le sud. »

Le 15 août, la 4e division de cavalerie, précédant la IIIe armée, était arrivée à *Nancy* et avait établi ses avant-postes sur la *Moselle*, aux environs de *Pont-Saint-Vincent* (à 12 kil. de Nancy)[1]. Les lettres et les journaux saisis par elle au bureau de poste confirmaient les bruits déjà recueillis en route, touchant les points où s'opérait la concentration des forces françaises. On ne pouvait plus douter que Metz et Châlons n'eussent été désignés comme centres de groupement des deux masses principales.

En présence de ces renseignements, le prince royal se résolut à continuer sa marche en avant vers la Marne, qu'il se proposait d'atteindre entre *Saint-Dizier* et *Joinville*, en même temps qu'il lançait la 2e division de cavalerie dans la direction présumée de la retraite du 5e corps français. L'exploration en avant du front fut confiée à la 4e division. On lui donna, comme point de direction, *Saint-Dizier*.

Franchir la *Moselle*, rechercher l'ennemi, reprendre le contact avec lui et s'attacher à ses pas, telle était la tâche qui revenait à la 4e division. Nous allons voir, en la suivant jour par jour, comment elle s'en acquitta. Mais, avant d'entrer dans le détail des opérations de la 4e division, disons d'abord qu'elle était sa composition.

---

[1] Se reporter, pour suivre le détail des opérations, aux feuilles suivantes de la carte d'état-major à 1/80,000^e : 34 (Reims), 50 (Châlons), 51 (Bar-le-Duc), 52 (Commercy), 67 (Arcis), 68 (Vassy), 69 (Nancy).

Ordre de bataille de la 4ᵉ division de cavalerie.

Commandant de la division : Prince Albert de Prusse, général de cavalerie.
Adjoint au commandant de la division : Général-major de Treskow.
Chef d'état-major : Major de Versen.

8ᵉ *brigade de cavalerie* (mixte) : Général-major de Hontheim.

Régiment de cuirassiers de la Prusse occidentale, n° 5.
Régiment de uhlans de la Posnanie, n° 10.

9ᵉ *brigade de cavalerie* (uhlans) : Général-major de Bernhardi.

Régiment de uhlans de la Prusse occidentale, n° 1.
Régiment de uhlans de Thuringe, n° 6.

10ᵉ *brigade de cavalerie* (légère) : Général-major de Krosigk.

2ᵉ régiment de hussards du corps, n° 2.
Régiment de dragons rhénans, n° 5.

Groupe de batteries : Capitaine de Schlottheim.

2ᵉ batterie à cheval du régiment de campagne n° 11.
1ʳᵉ batterie à cheval du régiment n° 5.
1 colonne *de subsistances*, prise dans le Vᵉ corps.
1 détachement *d'ambulance*, tiré du XIᵉ corps.

La 4ᵉ division de cavalerie comprenait donc au total 24 escadrons et 2 batteries, lorsqu'elle partit de *Nancy*, le 16 août de grand matin.
On avait mis à profit la journée passée dans cette ville. L'équipement et le harnachement avaient été réparés, la ferrure remise en état. Les derniers bivouacs avaient été humides; on avait marché sur des routes très dures; aussi un certain nombre de chevaux étaient-ils blessés sur le dos ou boiteux[1]. Un petit dépôt avait

---

[1] Voir l'*Historique du régiment de hussards* n° 2. Ce régiment avait, à lui seul, 14 hommes et 30 chevaux indisponibles.

été formé à *Nancy* ; on y avait versé les hommes malades et les chevaux indisponibles.

Deux compagnies d'infanterie avaient été affectées jusqu'alors à la garde du quartier général. On les transportait sur des voitures, à la suite de la colonne. Elles furent laissées à *Nancy* ; un escadron de la division les remplaça.

Journée du 16 août.

La 4e division quitte *Nancy* de bonne heure et se dirige, par la route de Neufchâteau, vers la Moselle, qu'elle atteint à *Pont-Saint-Vincent*. Elle y rejoint les deux escadrons du 5e dragons qui formaient les avant-postes, et prend l'ordre de marche suivant :

La brigade légère forme l'avant-garde. Elle marche à 2 ou 3 kil. du gros de la division, constitué par les deux autres brigades, et se fait elle-même précéder par 2 escadrons, pris dans l'un de ses régiments (4e et 5e escadrons du 2e hussards, sous le commandement du major Rœdern). Ces deux escadrons l'éclairent en avant et détachent un peloton à droite, dans le terrain boisé et difficile qui s'étend entre la grande route et la place de *Toul*. Les patrouilles de ce peloton (4e peloton du 4e escadron, lieutenant Mathiesen) se relient avec la brigade de cavalerie de réserve du IIe corps bavarois, qui bat l'estrade sur la rive gauche de la Moselle.

Sur chacun des flancs, la brigade Bernhardi (du gros) détache un escadron. Ces escadrons ont pour instructions de se maintenir à hauteur de l'avant-garde et à une demi-journée de marche à droite ou à gauche, tant de jour, pendant la marche, que de nuit. Ils ne doivent pas être relevés. L'escadron de gauche (capitaine de Stokhausen) est fourni par le 6e uhlans, l'escadron de droite par le 10e uhlans.

Les 6 escadrons restant de la brigade de uhlans marchaient en tête du gros ; derrière eux venaient les batteries, puis la brigade mixte, et enfin, en arrière, les impedimenta, sous la garde d'un escadron de la dernière brigade.

La division détache :

En avant : 1 officier (lieutenant de Horn, du 3e escadrons du 2e hussards) avec 8 cavaliers pris dans le gros de la brigade d'avant-garde, avec mission de la précéder *d'une journée de marche* et de l'éclairer dans la direction *Saint-Dizier — Châlons.*

A gauche : 1 demi-escadron (1ᵉʳ et 2ᵉ pelotons du 1ᵉʳ escadron du 2ᵉ hussards, capitaine de Poncet).

A droite : 1 demi-escadron (3ᵉ et 4ᵉ pelotons du même escadron, lieutenant de Treskow).

Ces deux derniers détachements ont pour instructions de se maintenir, jusqu'à nouvel ordre, à une petite journée de marche en avant et à une journée de marche sur le flanc de la division. On leur indique comme direction générale de marche de la division, la direction *Saint-Dizier — Vitry-le-François — Châlons-sur-Marne,* et on les informe de la marche des escadrons de uhlans que nous avons vu détachés sur les flancs de la division.

Il est facile de se rendre compte, à première vue, du vice radical de ces dernières dispositions. Les détachements d'éclaireurs, ainsi rivés à la division, ne pourront pas aller de l'avant, et ne rendront, par conséquent, aucun service. Inutiles pour le service de sûreté (puisque la division est parfaitement couverte par son avant-garde et ses flanqueurs, ainsi que par les nombreux détachements envoyés pour faire des réquisitions et qui circuleront sans cesse entre eux et la colonne), impuissants d'ailleurs à l'assurer, vu leur faible effectif, ils ne serviront pas davantage à l'exploration, jusqu'au jour où un de leurs officiers prendra sur lui de doubler sa distance et de se mettre résolument à la recherche de l'armée française.

Quant au *service de sûreté proprement dit* de la division, il nous paraît mieux compris, à cela près, que les escadrons de flanqueurs ont peut-être été poussés un peu plus loin que de raison. Les colonnes d'infanterie ont besoin d'être éclairées à grande distance, parce qu'il leur faut longtemps pour se mettre en mesure de combattre. Il n'en est pas de même d'une colonne de cavalerie, dont le déploiement est rapide. Envoyer à une demi-journée de marche, sur ses flancs, deux escadrons, c'est se priver, en pure perte, d'une assez notable partie de ses forces, c'est diminuer ses chances de succès dans le cas d'une rencontre avec la cavalerie adverse. Tout au plus pourrait-on admettre, à ce qu'il nous semble, que l'on détachât ainsi un peloton sur chaque flanc.

Quoi qu'il en soit, la marche du 16 devait conduire la 4e division à *Thuilley-aux-Groseilles,* nœud de routes important, où se croisent les routes de Nancy à Neufchâteau et de Toul à Charmes ; ses avant-postes devaient s'établir près d'*Ochey*, deux de ses escadrons être cantonnés à *Germiny* (au nord-est de *Crépey*), au débouché sud des bois. A droite, les éclaireurs Treskow marchaient sur la tête de l'important défilé de *Blénod-lès-Toul*; à gauche, les éclaireurs de Poncet, suivis à quelque distance par l'escadron Stockhausen, marchaient par *Crépey* sur *Colombey*.

Les deux escadrons d'avant-garde arrivaient à midi près d'*Ochey* et allaient s'établir en avant-postes entre les routes de Toul et de Colombey, lorsque le major Rœdern, entendant le canon dans la direction de Toul, les porte vivement dans cette direction. Le canon qu'on entendait ainsi était celui du IVe corps, qui tentait une attaque brusquée contre la place de Toul. A 4 heures, l'attaque ayant échoué, le feu cessait sur toute la ligne, et, une heure plus tard, le major Rœdern rejoignait, avec sa troupe, le gros de la division, qui s'était avancé jusqu'à *Crézilles* et s'y établissait au bivouac. La division avait fait ainsi une étape de 32 kil., au lieu des 22 à 25 kil. qu'elle devait primitivement parcourir. Il est vraisemblable que son chef avait tenu à occuper en forces le débouché de l'important défilé de Blénod-lès-Toul, par où passe la seule route directe de Vaucouleurs à Toul, en prévision d'un mouvement que des corps français pourraient tenter pour dégager la place.

La proximité des bois, la proximité de Toul, le décidèrent à ne pas cantonner. Le gros de la division, comme nous l'avons dit, s'établit au bivouac près de *Crézilles*, à côté de la voie romaine qui va de Neufchâteau à Toul. Il était couvert par les deux escadrons d'avant-garde bivouaqués plus à l'ouest, qui veillaient alternativement, en se relevant toutes les trois heures, et envoyaient leurs patrouilles fouiller le terrain jusqu'au pied des hauteurs. En outre, un peloton (du 5e escadron du 2e hussards, lieutenant Wuthe) avait été détaché sur la voie romaine, dans la direction de Toul. Enfin, 2 escadrons du 6e uhlans étaient cantonnés à *Allain-aux-Bœufs* (à 7 kil. de Crézilles), non loin du point important de *Colombey*, situé au débouché du défilé de *Vannes-le-Châtel*.

Les éclaireurs de Poncet et l'escadron Stockhausen occupaient *Colombey* et s'y trouvaient réunis à un escadron de partisans du 10e hussards (capitaine de Kleist).

Les éclaireurs Treskow étaient à *Blénod-lès-Toul*.

Le 16 août, au soir, la cavalerie bavaroise était à *Laxou*, à *Chavigny* et *Toul*, c'est-à-dire à 18 kil. en moyenne de la 4e division. La cavalerie wurtembergeoise était encore sur la *Meurthe*.

Enfin, le grand quartier général de la IIIe armée était à *Nancy*, à 32 kil. de la 4e division.

Journée du 17 août.

La 4e division quitte son bivouac de *Crézilles* dans le même ordre que la veille (l'avant-garde est toujours formée de la brigade légère, qui se fait précéder par deux escadrons du 5e dragons), et marche par *Blénod-lès-Toul* et *Saint-Martin* sur *Vaucouleurs*, où elle s'arrête, son avant-garde passant seule la Meuse.

En avant, la patrouille de Horn, se maintenant à une journée de marche, arrive le soir à *Demange-aux-Eaux*, sur les bords de l'*Ornain* (à 20 kil. de Vaucouleurs). A droite, les éclaireurs Treskow, partis de *Blénod-lès-Toul* au lever du soleil, ont gagné à *Void* la route de Toul à Paris ; ils se sont ensuite portés sur *Commercy*, où ils ont intercepté des lettres contenant des nouvelles importantes, et où ils se sont reliés avec les uhlans de la garde, et le soir ils sont revenus sur *Saint-Aubin*, sur la route de Paris (à moitié chemin de *Ligny-en-Barrois*), pour s'établir non loin de là au bivouac près de *Ménil-la-Horgne*, à 20 et quelques kil. de la division, après une marche de 50 à 55 kilomètres. A gauche, les éclaireurs de Poncet ont marché de *Colombey* sur *Pagny-la-Blanche-Côte* avec l'escadron Kleist des hussards verts ; à partir de ce dernier point, tandis que l'escadron Kleist remontait vers le nord, ils se sont portés sur *Gondrecourt*, y ont trouvé des bivouacs abandonnés, ont saisi les correspondances, et de là ont gagné *Abainville* (à 15 kil. de *Vaucouleurs*), sur l'Ornain. L'escadron Stockhausen, parti aussi de *Colombey*, n'avait pas dépassé *Champougny*, sur la *Meuse* (près de *Pagny-la-Blanche-Côte*).

La marche de ce jour ne faisait gagner à la 4e division que

17 kil. environ. C'était se presser bien peu de reprendre le contact. L'obligation de ne s'engager dans le défilé de *Blénod* qu'après avoir fait reconnaître avec soin les coteaux tourmentés et boisés qu'il traverse, put, il est vrai, retarder un peu la marche. Je croirais plutôt, en me reportant au courant d'idées qui dominait alors dans la IIIe armée, que le chef de la 4e division ne se crut pas autorisé à s'éloigner davantage des têtes de colonne d'infanterie; or, celles-ci atteignaient à peine le *Madon* et le *Brenon*, à 35 *ou* 40 *kilomètres en arrière*.

A cela près, l'ensemble des dispositions adoptées paraît conforme au but à atteindre. Trois routes importantes sillonnent le pays : 1º la route de *Paris* à *Toul*, au nord; 2º la route de *Paris* à *Ligny-en-Barrois*, *Houdelaincourt*, *Gondrecourt* (où elle cesse de suivre le cours de l'*Ornain*), *Greux*, *Domrémy* et *Neufchâteau;* 3º la route de *Joinville* à *Houdelaincourt*, *Vaucouleurs* et *Nancy*. Elles ont été suivies ou, du moins, plusieurs fois recoupées par les détachements d'éclaireurs, qui vont, du reste, continuer à les surveiller pendant la nuit. Le centre relativement important de *Commercy*, situé sur la grande voie ferrée de *Paris—Strasbourg*, au débouché nord de la grande forêt qui enserre la route de *Paris* à *Toul*, a été reconnu. Enfin, la voie ferrée *Neufchâteau—Gondrecourt—Demange-aux-Eaux—Nançois-le-Petit*, a été atteinte et est occupée en deux points.

Les renseignements recueillis se résumaient ainsi :

A *Gondrecourt*, on avait trouvé des bivouacs français abandonnés; les lettres qu'on y avait saisies apprenaient que l'armée de Mac-Mahon avait employé la voie ferrée *Neufchâteau—Saint-Dizier* pour se porter sur *Châlons*. Les lettres interceptées à *Commercy* apprenaient, entre autres choses, que la division de cavalerie et quelques régiments d'infanterie du corps Canrobert se trouvaient au camp de *Châlons*, qu'on travaillait activement aux fortifications de *Paris*, que tous les hommes valides de 25 à 35 ans avaient été appelés sous les drapeaux, et que les généraux Vinoy et Trochu formaient à *Châlons* un 12e et un 13e corps. Elles donnaient, en outre, quelques détails sur la retraite du maréchal de Mac-Mahon et du général de Failly.

Tous ces renseignements avaient été immédiatement transmis à *Vaucouleurs* au quartier général du commandant de la division, qui, le lendemain de grand matin, les faisait porter par un officier au prince royal.

Les emplacements occupés pendant la nuit du 17 août étaient les suivants :

Le quartier général et le 5⁰ cuirassiers, probablement aussi le 1ᵉʳ uhlans, à *Vaucouleurs*, sur la rive gauche de la Meuse.

Le 6⁰ uhlans, à *Chalaines*, sur la rive droite (à 1 kil. de *Vaucouleurs*).

Le 10⁰ uhlans, à *Rigny-la-Salle*, sur la rive droite (à 3 kil. au nord).

L'artillerie, à *Rigny-Saint-Martin*, sur la rive droite (à 4 kil. à l'est).

Toutes ces troupes étaient cantonnées.

L'avant-garde, *bivouaquée* sur une hauteur au sud de *Vaucouleurs*, à 3 kil. environ, sur la rive gauche.

Les flanqueurs (escadron Stockhausen), à *Champougny* (à 8 kil. environ au sud, sur la rive droite, près de *Pagny-la-Blanche Côte*).

La *sûreté* était assurée par les avant-postes établis par la brigade d'avant-garde (ils étaient fournis ce jour-là par le 5⁰ dragons) et par des patrouilles envoyées de *Vaucouleurs* par le 5⁰ cuirassiers sur la rive gauche. De *Champougny*, l'escadron Stockhausen envoyait fréquemment des patrouilles sur *Amanty* et *Gondrecourt*.

En définitive, l'élément le plus éloigné du centre avait au plus 4 kil. à faire pour rejoindre *Vaucouleurs*. La moitié de la division au moins se trouvait sur la rive gauche, l'autre moitié et l'artillerie sur la rive droite, ne communiquant ensemble que par l'unique pont de *Chalaines*. On ne pouvait faire autrement, si l'on tenait à faire cantonner les troupes, les villages étant rares, sur la rive droite principalement. L'éloignement de l'ennemi permettait, d'ailleurs, de le faire sans danger.

Quant aux *éclaireurs*, nous avons vu qu'ils s'étaient arrêtés :

Le détachement Treskow, au bivouac près de *Ménil-la-Horgne* à 20 ou 25 kil.), surveillant la bifurcation des routes *Paris—Toul* et *Paris—Commercy*.

La patrouille de Horn, à *Demange-aux-Eaux* (à 20 kil. de Vaucouleurs).

Le détachement de Poncet, à *Abainville* (à 15 kil. de Vaucouleurs), où il cantonnait couvert par des vedettes à pied et par des patrouilles.

Le soir de ce même jour, la cavalerie du II⁰ corps bavarois bordait encore la Moselle, la brigade du XI⁰ corps était à *Lalœuf*, sur le *Brenon*.
L'infanterie avait ses têtes de colonne :
Le V⁰ corps, à *Pont-Saint-Vincent* et *Frolois*, sur le *Madon*.
Le XI⁰ corps, à *Vézelise* et *Tantonville*.
Les Wurtembergeois, à *Basse-Flavigny*, sur la *Moselle*.
Les troupes les plus rapprochées de la III⁰ armée se trouvaient donc *à 35, à 40 kilomètres en arrière*. Quant au grand quartier général du prince royal, il était à *Nancy*, à 48 kil. de *Vaucouleurs*.

Journée du 18 août.

Le commandant de la division envoie un officier du 10⁰ uhlans à *Nancy*, pour porter au commandant de la III⁰ armée les renseignements recueillis la veille, et se met en marche par la route de *Joinville*. Deux escadrons du 2⁰ hussards (4⁰ et 5⁰), sous le commandement du major Rœdern, forment l'extrême avant-garde. On passe par *Montigny-lès-Vaucouleurs*, *Rozières-en-Blois*, et l'on arrive vers 1 h. 1/2 à *Demange-aux-Eaux*, après une marche de 20 kilomètres. L'avant-garde fait passer l'*Ornain* à ses deux escadrons d'extrême avant-garde, qui placent des avant-postes. L'un d'eux fait un fourrage pour la division à *Tréveray* (à 16 kil. environ).

A sa gauche, l'escadron Stockhausen s'est porté par *Amanty* et *Gondrecourt* sur *Bonnet* (au delà de l'*Ornain*, à une dizaine de kilomètres au sud de *Demange-aux-Eaux*).

En *avant*, le lieutenant de Horn s'est laissé rejoindre à *Demange-aux-Eaux* par la division. Il en part à 2 heures, et marche rapidement sur *Héviliers*, *Villers-le-Sec*, *Fouchères* et *Ménil-sur-Saulx*, où il arrive à 5 heures. Il y saisit quelques lettres, les envoie à *Demange-aux-Eaux*, et, bien que la marche du lendemain ne doive amener la division qu'à *Ménil-sur-Saulx*, il continue sur *Stainville* (où il saisit encore quelques lettres), *Aulnois-*

en-*Perthois*, *La Houpette* et *Ancerville*. En arrivant, vers 9 heures du soir, près de ce dernier point, il trouve de la cavalerie française. L'obscurité lui permet de se dérober et de se réfugier dans un petit bois au nord d'*Ancerville*.

A *gauche*, le demi-escadron de Poncet se décide à aller jusqu'à la *Marne*, pour y couper le chemin de fer et tenter de reprendre le contact. Après avoir festoyé à *Gondrecourt*, il marche sur *Bures* et détache un de ses deux pelotons (lieutenant Wolff) sur *Montiers-sur-Saulx*, avec ordre de détacher lui-même de ce point une patrouille sur *Chevillon*, pour y couper le chemin de fer. Cette patrouille saisit à *Chevillon* les correspondances, mais trouve la gare occupée, est reçue à coups de fusil et se replie sur *Montiers*. Le lieutenant Wolff, qui s'est emparé à *Montiers* des caisses publiques, ramène tout son peloton à *Bures*.

A *droite*, le demi-escadron Treskow marche par la route de Paris, rencontre dans le brouillard les hussards verts de Kleist (ceux que nous avons vu partir le 17 de *Pagny-la-Blanche-Côte*), et les prend pour des chasseurs français. Une courte échauffourée s'ensuit, après laquelle il continue sa route par *Ligny* sur *Maulan*.

La division passe la nuit à *Demange-aux-Eaux*, en partie cantonnée en quartiers d'alarme dans le village, en partie bivouaquée à l'est, tout entière sur la rive droite de l'*Ornain* (l'artillerie est cantonnée).

L'installation d'une partie de la division au bivouac est justifiée par l'absence de lieux habités dans un rayon relativement considérable.

Les avant-postes sont placés sur la rive gauche de l'*Ornain*, observant les bois et gardant la route de *Ligny*, que la division prendra le lendemain.

Un escadron est posté sur la hauteur à l'ouest de *Baudégnicourt* (5e escadron du 2e hussards), un escadron (4e du 2e hussards) sur la hauteur au sud de *Saint-Joire*. Des patrouilles, prises dans l'un des escadrons cantonnés à *Demange-aux-Eaux*, les relient en battant les bois qui les séparent.

L'escadron Stockhausen (flanqueurs de gauche) passe la nuit à *Bonnet*, à 10 kil. de *Demange*, sur la route de *Joinville*.

Nous avons vu les éclaireurs s'arrêter :

Le détachement Treskow, à *Maulan* (à 22 kil. au moins de *Demange*), où il occupe une maison d'alarme.

La patrouille de Horn, au contact, dans un bouquet de bois au nord d'*Ancerville* (à 40-45 kil. en avant).

Les éclaireurs de Poncet, à *Bures*, en quartiers d'alarme (à 17 kil. environ de *Demange-aux-Eaux*).

La *cavalerie divisionnaire* s'est avancée jusqu'à *Pagny-sur-Meuse*, donnant la main, par *Void* et *Commercy*, aux troupes avancées du IVe corps.

Des escadrons du IIe corps bavarois sont à *Villey-le-Sec, Gondreville, Pierre-la-Treiche* et *Chaudeney*.

La cavalerie wurtembergeoise a passé la *Moselle*.

Les *têtes de colonne de corps d'armée* sont :

Le IIe corps bavarois, à *Pierre-la-Treiche* et au sud-ouest de *Toul*.

Le Ve corps, à *Blénod-lès-Toul*.

Le XIe corps, entre *Colombey* et *Allamps*.

Les Wurtembergeois, à *Ochey*,

c'est-à-dire à *35 et 40 kilomètres*.

Le quartier général de la IIIe armée est resté à *Nancy*, c'est-à-dire à 68 kilomètres du quartier général de la 4e division de cavalerie.

L'officier du 10e uhlans, parti le matin, a laissé un poste de correspondance à *Vaucouleurs* et est en route pour *Nancy*.

Journée du 19 août.

Deux escadrons du 5e dragons forment l'extrême avant-garde. La division se porte par *La Neuville* et *Héviliers* jusqu'à *Villers-le-Sec* ; son avant-garde (brigade légère) arrive jusqu'à la *Saulx* à *Ménil-sur-Saulx*, où elle s'établit. Quant au gros, trouvant la forêt de *Ligny* occupée par quelques petits détachements d'infanterie française, il rebrousse chemin jusqu'à *Ménaucourt*, derrière l'*Ornain*. L'officier du 10e uhlans, envoyé la veille à *Nancy*, le rejoint à *Ménaucourt*. En même temps que la nouvelle de la victoire de Saint-Privat, qui a rejeté Bazaine dans Metz, il apporte l'ordre invraisemblable de passer en deuxième ligne et de marcher derrière le V⁰ corps.

En somme, la division n'a gagné que 16 kilomètres. Seule son avant-garde a atteint l'étape (*Ménil-sur-Saulx*), à 12 kilomètres en avant du gros.

L'escadron de gauche (Stockhausen) a marché de *Bonnet* sur *Hévilliers* (à 8 kilomètres au sud de *Ménaucourt*).

La patrouille de Horn, que nous avons laissée dans le bois au nord-est d'*Ancerville*, est avisée par sa vedette à 4 heures du matin de l'approche d'un bataillon français qui marche sur *La Houpette*, couvert par des tirailleurs et par quelques cavaliers. Elle bat en retraite, en suivant par des chemins détournés le flanc du détachement français, qui la ramène ainsi jusqu'à *Stainville*. Elle y rencontre le détachement Treskow qui, parti de *Maulan*, marche par la grande route de *Paris* sur *Saint-Dizier* et *Vitry*, et les deux détachements réunis continuent à observer les mouvements de la reconnaissance française. Vers midi, le lieutenant de Treskow reçoit l'ordre d'appuyer au nord, et le lieutenant de Horn reste seul en embuscade près d'*Aulnois-en-Perthois*, à 30 mètres d'un groupe d'infanterie et de deux escadrons de chasseurs français, qui ont mis pied à terre sans le voir. Survient un escadron du 5ᵉ dragons, détaché sur *Stainville* ; la fusillade s'engage ; elle dure un quart d'heure et n'amène pas de résultats. Les Français réussissent à se dérober sans être suivis.

Le général de Krosigk, commandant la brigade d'avant-garde, a entendu la fusillade ; il se porte dans cette direction et arrive dans la soirée près d'*Aulnois*. Il donne immédiatement au lieutenant de Horn l'ordre de partir avec 6 hussards et 6 dragons et d'aller reconnaître *Saint-Dizier* pendant la nuit.

A gauche, le capitaine de Poncet reprend sa tentative sur *Chevillon*. Parti de *Bures*, il passe par *Montiers-sur-Saulx* et arrive à *Chevillon*, qu'il trouve encore occupé. Après une escarmouche assez vive, il bat en retraite dans la direction de la division jusqu'à *Dammarie* (à une douzaine de kilomètres à l'ouest-sud-ouest de *Ménaucourt*, à 5 kilomètres à peine de *Ménil-sur-Saulx*).

A droite, nous avons vu le détachement Treskow arriver à

Stainville et *Aulnois* et se réunir au lieutenant de Horn. Il reçoit l'ordre de se porter vers le nord et d'aller dans la direction de *Verdun* chercher des nouvelles de la IIe armée, et de se relier, s'il est possible, avec elle ; on lui indique la direction de marche de la division, qui doit, à partir du lendemain, prendre la grande route de *Paris*. Il se dirige sur *Bar-le-Duc*, dépasse cette ville et arrive le soir à *Vilotte*, à moitié chemin de *Saint-Mihiel*.

Le 19, la division est cantonnée sur les deux rives de l'*Ornain*: le 5e cuirassiers à *Ménaucourt* (rive droite), ainsi que le quartier général et son escadron d'escorte (pris dans le 2e régiment de hussards) ; le 10e uhlans à *Givrauval*, sur la rive gauche ; l'artillerie et le 6e uhlans à *Longeau*, sur la rive gauche. Les cantonnements les plus éloignés sont à 4 kil. au maximum du quartier général.

La brigade d'avant-garde est maintenue à *Ménil-sur-Saulx*, à 12 kil. environ en avant ; la plus grande partie bivouaque entre *Ménil* et *Le Bouchon*. Elle est ainsi à portée de marcher rapidement sur *Saint-Dizier*.

L'escadron Stockhausen est à *Hévilliers* (à 8 kilomètres).

Les éclaireurs de Poncet, à *Dammarie*, à 5 kil. de *Ménil*.

Les éclaireurs Treskow, à *Vilotte*, au delà de *Bar-le-Duc* ; ils ont laissé un poste de correspondance à *Naives-devant-Bar-le-Duc*.

La patrouille de Horn marche sur *Saint-Dizier* ; je dirai tout à l'heure quels renseignements elle y recueillit.

Le gros de la division, protégé à grande distance par son avant-garde, se borne à se couvrir dans la direction de la *forêt de Ligny* par des patrouilles, que fournissent le 6e uhlans cantonné à *Longeau* et l'escadron Stockhausen cantonné à *Hévilliers*. Le village de *Villers-le-Sec* est particulièrement surveillé par ces patrouilles.

Les *régiments de cavalerie divisionnaire* ont atteint :

La brigade de uhlans bavarois, *Ménil-la-Horgne* (à 20 kil. de *Ménaucourt*).

La cavalerie wurtembergeoise, *Sepoigny*, près de *Vaucouleurs* (à 30 kilomètres).

Les *têtes de colonnes des corps d'armée :*
  Le VI⁰ corps, bavarois, à *Void* et *Lay-Saint-Rémy,*
  Le V⁰ corps,   à *Vaucouleurs,*
  Les Wurtembergeois,   à *Sepvigny-sur-Meuse,*
  Le XI⁰ corps,   à *Epiez, à Sauvigny,*
et sont à 30 kil. *au moins en arrière.*

Le quartier général du prince royal est toujours à *Nancy*, à une centaine de kilomètres de la 4⁰ division de cavalerie. Le prince Albert a expédié au prince royal un courrier pour lui demander l'autorisation de rester en avant de l'armée.

Reconnaissance de Saint-Dizier, dans la nuit du 19 *au* 20 *août.*

Le lieutenant de Horn était parti avec 12 cavaliers pour aller reconnaître *Saint-Dizier*. Il passe par *Aulnois*, *La Houpette* et *Ancerville*, arrive à *Saint-Dizier* à 2 heures du matin, trouve la ville inoccupée, apprend que l'arrière-garde française est à 4 kil. à l'ouest et marche sur *Perthes*. Il trouve à l'ouest de la ville des bivouacs abandonnés; on lui dit qu'un corps de 8,000 hommes (composé en grande partie de cavalerie) s'est retiré dans la direction de *Châlons*. Ces renseignements recueillis, apprenant qu'une forte reconnaissance française est attendue, il bat en retraite, après avoir coupé le télégraphe, enlevé les lettres et les dépêches, et levé une contribution de 2,000 francs en or, et se retire jusqu'à *Ancerville*, laissant derrière lui une patrouille.

Il envoie immédiatement un rapport avec les lettres saisies à Saint-Dizier, au général de Krosigk, à *Ménil-sur-Saulx* (à 28 kil. en arrière).

Journée du 20 août.

Malgré les ordres reçus, le prince Albert prend sur lui de porter sa division sur la *Saulx*, qu'il aurait dû atteindre la veille. Il prescrit à son avant-garde de se porter sur *Saint-Dizier* et de reprendre le contact. Le gros descend l'*Ornain* jusqu'à *Ligny*, prend la grande route de *Paris* et atteint la *Saulx* à *Stainville*, où il s'arrête. La brigade d'avant-garde, précédée de deux escadrons (3e et 4e) du 2e hussards, s'arrête entre *Ancerville* et *Saint-Dizier*. Les deux escadrons de hussards occupent *Saint-Dizier*, et détachent un peloton sur *Vitry* (lieutenant Matthiesen, 4e peloton du 4e escadron). — L'escadron Stockhausen, à gauche, a marché sur *Savonnières-en-Perthois*.

En avant, le lieutenant de Horn reçoit l'ordre de se laisser rejoindre par son régiment à *Ancerville;* cet ordre est exécuté.

A gauche le demi-escadron de Poncet part de *Dammarie*, passe par *Savonnières-en-Perthois, Cousances-lès-Cousancelle*, et va occuper le long de la *Marne* une ligne d'avant-postes s'étendant de *Marneval* à *Roche-sur-Marne*.

A droite, le demi-escadron Treskow marche de *Vilotte* sur *Saint-Nicolas*, près de *Saint-Mihiel*, et détache un officier et deux hussards pour se relier à la IIe armée. Cet officier rencontre le commandant du corps de la garde à *Suzemont*, près de *Mars-la-Tour*, recueille aussi des nouvelles de l'armée de la Meuse, et rentre dans la nuit, à 2 heures du matin, à *Saint-Nicolas*.

La division, qui a fait ce jour-là une marche *de 16 à 18 kilomètres,* s'établit en cantonnements le long de la *Saulx* et en avant de cette rivière. La présence de son avant-garde sur la *Marne*, dont les passages sont gardés, lui permet de s'étendre. Le quartier général avec son escadron d'escorte (5e du 2e hussards) est à *Stainville*, sur la rive gauche, avec l'artillerie et probablement le 1er uhlans. Le 6e uhlans est à *Ménil-sur-Saulx,* sur la rive droite (à 5 kil. au sud); le 10e uhlans, à *Lavincourt,* sur la rive gauche (à 4 kil. au nord), et à *Aulnois-en-Perthois,* près de la grande route de Paris (à 6 kil. à l'ouest); le 5e cuirassiers, à *Nant-le-Petit* (à 3 kil. à l'est) et *Maulan* (à 7 kil. à l'est), sur la même route. Le gros de la division est donc réparti sur une profondeur de 13 kil. et sur un front de 9 kil.; les fractions les plus éloignées du centre en sont à 5 kil. en moyenne, et à 7 kil. au plus.

L'avant-garde a entre *Ancerville* et *Saint-Dizier* 4 escadrons (le 5e dragons), à 17 kil. à l'ouest, et 2 escadrons (3e et 4e du 2e hussards) en cantonnements d'alarme sur la place de *Saint-Dizier*, à 3 kil. plus loin.

L'escadron Stockhausen, nous l'avons dit, est à *Savonnières-en-Perthois*, à 4 kil. au sud d'*Aulnois-en-Perthois*, à 8 ou 10 kil.

à l'ouest de *Ménil-sur-Saulx* et à la même distance au sud-ouest de *Stainville*.

En avant, une reconnaissance d'officier marche sur *Vitry* (lieutenant Matthiesen).

Les éclaireurs de Poncet sont sur la *Marne*, à gauche et à hauteur de la brigade d'avant-garde, à la forge de *Marnaval* et au pont de *Roche-sur-Marne*, points d'arrivée sur la *Marne* des deux seules routes traversant dans cette direction la grande *forêt du Val*.

Les éclaireurs Treskow au nord, à droite, se reliant avec la IIe armée à *Saint-Nicolas*, près de *Saint-Mihiel* (à près de 45 kilomètres).

En définitive, la sûreté est assurée *pour le gros* : 1° par son avant-garde, qui garde les routes divergeant de *Saint-Dizier* et, avec l'aide des éclaireurs Treskow, les ponts de la Marne et les débouchés de la *forêt du Val* ; 2° par les deux escadrons de uhlans jetés à *Aulnois* au débouché des bois et l'escadron Stockhausen, placé à l'ouest et au sud des mêmes bois ; 3° par des patrouilles et des hommes à pied.

Pour l'*avant-garde* elle-même : 1° par les éclaireurs de Poncet sur sa gauche, comme nous l'avons vu ; 2° par ses deux premiers escadrons qui, placés à *Saint-Dizier*, sur la place du Marché, se tiennent prêts à monter à cheval. Ces escadrons ont détaché un peloton sur la route de *Châlons*, un peloton sur la route de *Sainte-Menehould*, un fort poste à la cosaque sur la route de *Bar-le-Duc*, un autre poste à la cosaque au sud, sur la rive gauche de la *Marne*, à la bifurcation des routes de *Vassy* et de *Joinville*. Des patrouilles battent la *forêt des Trois-Fontaines* et la *forêt du Val*, et relient ces divers éléments entre eux et avec les éclaireurs de Poncet.

Le 20 août, la *cavalerie divisionnaire* est :

La brigade de uhlans bavarois, près de *Bar-le-Duc*, c'est-à-dire à peu près sur l'alignement de la 4e division et à 15 kil. au nord à vol d'oiseau.

Les *têtes de colonne des corps d'armée* :

Le IIe corps bavarois, à *Ligny-en-Barrois* ;

Le Ve corps, à *Hévilliers* ;

Le XIe corps, à *Mandres*,
c'est-à-dire à 13 *kil.* du quartier général de la division, *et à 6 kil. seulement de ses derniers escadrons.*

Le quartier général du prince royal est à *Vaucouleurs*, à 50-55 kilomètres.

Reconnaissance de Vitry, dans la nuit du 20 au 21 août.

Le lieutenant Matthiesen, avec le 4e peloton du 4e escadron du 2e hussards, avait été (nous l'avons vu) dirigé sur *Vitry-le-François*. Parti à 1 heure de l'après-midi de *Saint-Dizier*, il avait traversé *Perthes*, et après avoir trouvé sur sa route de nombreux bivouacs abandonnés, il était arrivé, suivant toujours la grande route, à la tombée de la nuit, sous les murs de *Vitry*. Il prend dans une maison d'un faubourg 3 traînards appartenant au 5e et au 6e corps, apprend que 12 régiments et 12 escadrons du corps de Failly sont campés près de la ville, se retire sur *Marolles* pour faire manger ses hommes et ses chevaux, revient sur *Vitry*, jette l'alarme dans le camp français (ce qui, par parenthèse, n'était guère qu'un enfantillage), coupe, en se repliant, le télégraphe et le chemin de fer à *Marolles*, et rentre à 2 heures du matin à *Saint-Dizier*, sans avoir été rejoint par les Français, après avoir parcouru 81 kil., les 57 derniers en 8 heures.

Journée du 21 août.

Le commandant de la division reçoit à 8 heures du matin le rapport du lieutenant de Treskow, dont les patrouilles se sont reliées la veille à la IIe armée, et que nous avons laissé à *Saint-Nicolas*, devant *Saint-Mihiel*. — Ce rapport, expédié à 2 heures du matin de *Saint-Nicolas*, a été transmis par le poste de correspondance de *Naives-devant-Bar-le-Duc*, et a ainsi parcouru 45 à 50 kil. en 6 heures. — Le prince Albert a aussi connaissance des résultats de la reconnaissance du lieutenant Matthiesen sur *Vitry*. Enfin, il vient de recevoir du prince royal l'autorisation de se maintenir *en avant du front de la IIIe armée; toutefois, il lui est ordonné de ne pas franchir la Marne et de se borner à pousser en avant quelques reconnaissances* pour reprendre le contact. On lui fait savoir, en outre, que la IIIe armée doit s'arrêter sur la ligne de l'*Ornain*, pour donner le temps à l'armée de la Meuse d'arriver à sa hauteur.

En conséquence, toutes les fractions de la 4ᵉ division restent sur leurs emplacements, à ceci près que la brigade d'avant-garde se concentre à *Saint-Dizier* et lance sur *Vitry* et au delà, à 50 ou 60 kil., les 3ᵉ et 4ᵉ escadrons du 5ᵉ dragons (major de Klocke).

Le capitaine de Poncet est toujours sur la *Marne*, le lieutenant de Treskow se repose à *Saint-Nicolas*, sous la protection des avant-postes de la brigade de uhlans de la garde, établie à *Saint-Mihiel*.

De nombreux détachements sont envoyés en réquisition.

La situation relative de la 4ᵉ division et de la IIIᵉ armée reste la même. La 4ᵉ division, arrêtée sur la ligne de la *Saulx*, est à une petite journée de marche à peine des têtes de colonnes d'infanterie, arrêtées sur l'*Ornain*. Elle est précédée du gros de son avant-garde postée à une journée de marche sur la *Marne*, et devancée elle-même par 2 escadrons.

On se demande quel motif a pu déterminer le prince royal à arrêter ainsi sa cavalerie. S'il tenait vraiment à ce que le contact fût repris, il ne pouvait pas compter que quelques patrouilles, que la moindre résistance devait arrêter, fussent en mesure d'arriver jusqu'au gros des forces françaises. C'était la division tout entière qu'il fallait jeter en avant. On dira que le prince royal ne voulait pas se porter en avant ni s'engager avant l'arrivée de l'armée de la Meuse? Soit. Mais un combat de la 4ᵉ division de cavalerie contre les troupes françaises n'eût en aucune façon engagé les corps d'armée qui le suivaient. Craignait-il de découvrir son front? Mais la cavalerie wurtembergeoise, qui était, ce jour-là même, à *Mauvage* et *Villeroy*, en arrière de l'infanterie, la cavalerie bavaroise, qui occupait également en arrière de son infanterie *Naives-en-Blois*, *Méligny-le-Grand*, *Ocy* et *Chénevières*, les uhlans bavarois cantonnés à *Bar-le-Duc*, auraient amplement suffi à assurer sa sûreté, d'autant que la 2ᵉ division de cavalerie couvrait le flanc gauche de l'armée.

De son côté, en présence d'un ordre pareil, qu'eût dû faire le commandant de la 4ᵉ division? Gagner en avant tout le terrain qu'on lui permettait de gagner, c'est-à-dire marcher sur *Saint-Dizier*, qui lui eût offert assez de ressources pour cantonner toute sa division, et envoyer au prince-royal un officier pour lui demander l'autorisation de marcher le lendemain sur *Vitry*, où, d'après le rapport du lieutenant Matthiesen, des forces françaises considérables se trouvaient réunies. *Vaucouleurs* n'est qu'à une cinquantaine de kilomètres de *Stainville*; cet officier pouvait être de retour dans la nuit, et le mouvement en avant pouvait être repris le lendemain. Malgré la chaleur excessive des derniers jours, les étapes avaient été si courtes, que les chevaux ne devaient pas être bien fatigués. Seul le 2e hussards, employé depuis le 16 au service de reconnaissances et d'avant-postes, avait grand besoin de repos; mais précisément, en attendant le gros à *Saint-Dizier*, la brigade légère avait une journée de repos.

Mais on ne fit rien, et l'on ne chercha même pas à faire quelque chose.

Quant au dispositif de sûreté, il resta le même que la veille.

Journée du 22 août.

La 4e division et toute la IIIe armée *restent encore le 22 août dans les mêmes cantonnements. Seuls quelques mouvements partiels* sont effectués; nous allons les énumérer rapidement.

Le 6e uhlans est porté de *Ménil-sur-Saulx* sur *Saint-Dizier*. Il doit relever le 2e hussards et le remplacer à l'avenir à l'avant-garde. Le 2e hussards replie ses postes, rappelle le demi-escadron de Poncet et se cantonne dans la ville. Le 6e uhlans prend le secteur de droite des avant-postes, le 5e dragons le secteur de gauche.

L'escadron Stockhausen, que nous avons laissé à *Savonnières-en-Perthois*, est envoyé sur *Vassy* pour y faire une réquisition. La réquisition faite, il rentre le soir à *Magneux*. (*Vassy* est à 30 kil. de *Stainville* et à 20 kil. de *Saint-Dizier*; *Magneux* est à 25 kil. de *Stainville* et de *Saint-Dizier*, dont il est séparé par la *forêt du Val.*)

A *gauche*, le capitaine de Poncet a rejoint.

A *droite*, le lieutenant de Treskow se porte sur *Bar-le-Duc*, pour reprendre sa place dans le dispositif. Il rencontre dans cette ville les hussards verts de Kleist, qui lui apprennent qu'ils ont rencontré à *Mussey* un escadron de hussards français se retirant sur *Châlons*. Il y trouve également l'ordre de gagner le lendemain *Contrisson*, au débouché de la vallée de la *Saulx* (près de *Sermaize*), de faire des réquisitions sur sa route et d'attendre à *Contrisson* de nouvelles instructions.

En *avant*, les 2 escadrons du 5ᵉ dragons sont arrivés devant *Vitry*, ont sommé la place et, sur son refus de capituler, se sont retirés sur *Outrepont* (sur la route de *Vitry* à *Bar-le-Duc*, à 9 kil. de *Vitry*, à 32 kil. de *Saint-Dizier*, à 30 kil. de *Stainville*).

En même temps, le 2ᵉ hussards envoie de *Saint-Dizier* un demi-peloton (lieutenant comte Schack) en reconnaissance sur *Vitry*. Cette reconnaissance suit la grand'route, arrive sur les murs de la place, est reçue à coups de fusil et rentre à *Saint-Dizier*.

Il détache aussi deux pelotons (1ᵉʳ du 3ᵉ escadron et 1ᵉʳ du 4ᵉ escadron) sur *Humbécourt* et *Eclaron* (12 kil. et 9 kil.), vers le sud-ouest, pour reconnaître le pays et surtout pour y faire des réquisitions.

Les emplacements de nuit sont les suivants : le gros de la division a 3 régiments à *Aulnois, Lavincourt, Stainville, Nant-le-Petit* et *Maulan* ; son artillerie, le quartier général avec son escadron d'escorte, à *Stainville*. L'avant-garde (3 escadrons du 6ᵉ uhlans, 2 escadrons du 5ᵉ dragons) et les 2 escadrons et demi du 2ᵉ hussards, à *Saint-Dizier*, couverts par leurs avant-postes. Les 2 escadrons du 5ᵉ dragons (major de Klocke), à *Outrepont* ; le 1/2 escadron Treskow, à *Bar-le-Duc* ; l'escadron Stockhausen, du 6ᵉ uhlans, à *Magneux*.

Journée du 23 août.

Le 23 août, le mouvement en avant est repris sur toute la ligne.

Dans la 4ᵉ division de cavalerie, la brigade d'avant-garde, qui continue à former un échelon séparé, suit la grande route et atteint *Perthes-en-Perthois*, tandis que le gros de la division rejoint à *Saint-Dizier* le 2ᵉ hussards, après une marche de 20 kil. environ.

L'escadron Stockhausen marche sur *Eclaron*, se rapproche du gros, repasse sur la rive droite de la *Marne* à *Hoéricourt*, et s'y arrête.

En avant, les deux escadrons de dragons rhénans arrivent près de *Châlons*, et apprennent des habitants que le camp de Châlons a été évacué.

A droite, le lieutenant de Treskow exécute son mouvement sur *Contrisson* (près de *Sermoize*), et y attend de nouveaux ordres.

Ainsi, nous voyons les détachements de gauche rentrer successivement. Ils n'ont plus rien à faire dans cette direction au point de vue de l'exploration, car on ne trouve plus aucune route, aucun centre important à l'ouest de la route de *Saint-Dizier* à *Vassy*. Quant à l'escadron de flanqueurs chargé de couvrir la gauche de la division, il devient inutile, la 2e division devant, le 23 août, se porter de *Martigny* sur *Vassy*, puis de là sur *Arcis-sur-Aube*. De plus, la division devant se porter le lendemain sur *Maurupt*, c'est-à-dire directement au nord, cet escadron ne pourrait être laissé aussi éloigné de la direction générale sous peine d'être momentanément perdu pour la division.

La 4e division occupe les emplacements suivants :

Le quartier général, l'artillerie et le 2e hussards, à *Saint-Dizier*; probablement aussi le 1er uhlans. Le 5e cuirassiers, à 5 kil. en arrière, à *Ancerville*. Le 10e uhlans, à 6 kil. en avant, à *Halignicourt* et au pont de *La Neuville-au-Pont*. A peu près à demi-distance entre le 10e uhlans et le gros, l'escadron Stockhausen au pont d'*Hoéricourt*. La brigade d'avant-garde (5e dragons et 6e uhlans), à *Perthes* (à 10 kil. de *Saint-Dizier*). Les cantonnements de la division s'étendent donc sur la rive droite de la Marne (dont tous les ponts sont gardés), le long de la grande route, sur une profondeur de 15 kilomètres.

Nous avons vu que les deux escadrons du 5e dragons sont arrivés non loin de *Châlons* (à 35-40 kil. en avant) et que le détachement Treskow s'était arrêté, par ordre, à *Contrisson*, près de *Sermaize*, à 25 kil. de *Saint-Dizier*.

Une patrouille, fournie par le 2e hussards, est expédiée sur

Contrisson dans la journée; elle porte au lieutenant de Treskow l'ordre de rallier la division à *Pogny*, à 10 kil. au sud-est de *Châlons*.

Le lieutenant de Horn est envoyé en reconnaissance dans la direction de *Maurupt*, au nord-est de *Saint-Dizier*, pour chercher un chemin de colonnes à travers la *forêt de Trois-Fontaines* pour la marche du lendemain.

Le gros assure sa sûreté en faisant garder les ponts de *Saint Dizier* par deux pelotons à pied du 2e hussards. Nous avons vu comment les autres ponts sur la Marne étaient occupés.

La *cavalerie divisionnaire* est :
La brigade de uhlans bavarois, à *Bar-le-Duc* et *Mussey*.
La cavalerie du IIe corps bavarois, au nord-ouest de *Ligny*, entre ce point et *Bar-le-Duc*, à *Silmont*, *Tannoy* et *Culey*.
La cavalerie wurtembergeoise, à *Ménil-sur-Saulx*.

Quant aux *têtes de colonnes d'infanterie*, elles talonnent la 4e division de cavalerie.
Le IIe corps bavarois, au nord-ouest de *Ligny*.
Le Ve corps, à *Haironville* et *Sommelonne*.
Les Wurtembergeois, à *Ménil-sur-Saulx*.
Le XIe corps, à *Fontaines-sur-Marne*.
Le Ve corps n'est donc qu'à 5 *kil. du dernier régiment de la 4e division et à 10 kil. du quartier général.*

Le quartier général du prince royal est toujours à *Vaucouleurs*, à 75 kilomètres.

Journée du 24 août.

Nous avons dit que le prince Albert avait l'intention de gagner *Maurupt* et *Villers-le-Sec* (sur la route de *Vitry* à *Bar-le-Duc*) et de se diriger sur *Châlons*, en laissant *Vitry* sur sa gauche. Le matin du 24, il reçoit du prince royal l'ordre de passer sur la rive gauche de la *Marne*, de laisser *Vitry* sur sa droite, et de reconnaître les directions de *Châlons*, *Vertus* et *Epernay*, pour savoir si, oui ou non, les Français ont battu en retraite sur *Paris*.

La cavalerie bavaroise et la cavalerie wurtembergeoise sont chargées d'explorer le pays au nord de la *Marne*.

La division, concentrée cette fois, se met en marche, couverte par la brigade de uhlans Bernhardi qui forme l'avant-garde, et suit la grande route, franchit la *Marne* et s'arrête entre la *Marne* et la route de *Brienne* à *Vitry-le-François*, après une marche de 40 kilomètres.

Pour passer la *Marne*, tout en prêtant son flanc droit à la garnison de *Vitry*, elle a pris les précautions suivantes :

L'avant-garde a marché de *Matignicourt* sur *Cloyes-sur-Marne*, *Blaise-sous-Arzillières* et *Châtel-Raould* (Cloyes est à 10 kil. en amont de *Vitry*), tandis que le gros marchait sur *Larzicourt* (à 6 kil. plus en amont), en suivant une direction parallèle à celle de son avant-garde, passait la *Marne*, entre ce point et *Arrigny*, couverte par le 10ᵉ uhlans laissé sur la rive droite à *Montcetz-l'Abbaye* (à 4 kil. en aval du point de passage), et par un escadron à pied du 2ᵉ hussards, gardant le pont, et allait cantonner sur la rive gauche. — Dès son arrivée à *Cloyes*, l'avant-garde avait envoyé des patrouilles d'officiers (du 6ᵉ uhlans) sur *Maisons* et sur *Coole*, sur la route de *Vitry* à *Fère-Champenoise*. Ces deux patrouilles n'avaient rapporté aucune nouvelle.

Pendant ce temps, en avant de la division, les 2 escadrons de Klocke ont atteint *Châlons* par *Courtisols* ; un demi-escadron dirigé sur le *camp de Châlons* l'a trouvé évacué. Ce renseignement est immédiatement transmis à la division, dont l'avant-garde est à 35 kil. en arrière.

A droite, le lieutenant de Treskow, passant par *Sermaize* et *Heiltz*, est arrivé le soir à *Pogny* (à 13 kil. de *Châlons*, à 22 kil. de la division) et s'est relié avec les dragons rhénans.

Les cantonnements occupés le 24 sont les suivants :

Quartier général et 2ᵉ hussards, à *Arzillières* et *Neuville-sous-Arzillières*. — Le 5ᵉ cuirassiers, à *Saint-Rémy-en-Bouzemont*, à 5 kil. en arrière. — L'artillerie, aux *Rivières-sur-Marne* (à côté de la route de *Brienne*), à 3 kil. environ en avant. — Le 10ᵉ uhlans, laissé sur la rive droite à *Montcetz-l'Abbaye*, à 4 kil. de *Neuville* et à 7 kil. d'*Arzillières*, dont la rivière le sépare. — Le 5ᵉ dragons, vraisemblablement à *Arzillières*. — Les 1ᵉʳ et

6ᵉ uhlans, à *Châtel-Raould* (à 3 kil.), couverts par les deux escadrons d'avant-garde, qui se sont établis en avant-postes.

Les 2 escadrons de Klocke, à *Châlons*.

Le demi-escadron Treskow, à *Pogny*.

Les cantonnements sont donc échelonnés, sur la route de marche, sur une profondeur de 11 kil. environ.

La sûreté était garantie : 1° sur la rive gauche, par les avant-postes du 6ᵉ uhlans, comprenant une grand'garde à *Frignicourt*, une près de *Courdemange* (ces deux grand'gardes surveillant *Vitry*, le cours de la *Marne* et la grande route), et une au nord de *Sompuis*, surveillant la direction de l'ouest (cette dernière, par parenthèse, ne paraît pas être d'une grande utilité) ; l'ensemble de cette ligne est éloigné de 3 kil. environ du gros de l'avant-garde) ; 2° sur la rive droite, par le 10ᵉ uhlans, couvert par 1 escadron d'avant-postes et surveillant tous les mouvements qu'aurait pu faire la garnison, par la route de *Vitry — Larsicourt — Montier-en-Der*. Les avant-postes escarmouchent toute la journée contre la garnison de *Vitry*.

Le 24, la 4ᵉ division a marché un peu plus franchement en avant. On lui a dit clairement ce qu'on lui demandait et on l'a laissée faire.

La *cavalerie divisionnaire* est à 25 et 30 kil.

La cavalerie du XIᵉ corps, près d'*Eclaron* (elle a eu, dans la journée, une petite escarmouche avec des mobiles).

La cavalerie wurtembergeoise, à *Cheminon-la-Ville*, près de *Maurupt*.

La cavalerie du IIᵉ corps bavarois, à l'est de *Revigny*, à *Neuville-sur-Ornain*, *Bussey-la-Côte*, etc.

Les fractions les plus voisines des corps d'armée :

Le IIᵉ corps bavarois, à *Laimont*,

Le Vᵉ corps, à *Robert-Espagne* et *Couvonges* (sur la *Saulx*),

Les Wurtembergeois, sur la *Saulx*, à *Sandrupt*,

 tous ces corps à 50 kil. au moins.

Le XIᵉ corps, à *Hallignicourt*, *Saint-Dizier* et *Ancerville*, à 25 et 30 kilomètres.

Le quartier général du prince royal, à *Ligny*, à 75 kilomètres environ.

La IIIe armée commence à préparer son mouvement de conversion vers le nord ; nous le verrons se dessiner plus nettement le lendemain, et surtout le 26. La 4e division n'en est pas moins maintenue dans la direction qu'elle suivait précédemment.

Journée du 25 août.

La place de *Vitry* a refusé le matin de se rendre au 6e uhlans. La division va donc avoir à exécuter une marche de flanc devant la place. Le prince Albert, (tout en envoyant un second parlementaire) arrête, en conséquence, les dispositions suivantes :

L'artillerie, pour couvrir le défilé de la colonne, prend position sur une hauteur au sud-ouest de *Blacy* ; 2 pelotons à pied du 2e hussards lui servent de soutien ; le reste du régiment a pris, dans le voisinage, une position d'attente. — La brigade d'avant-garde, précédée de 2 escadrons du 6e uhlans (major de Knobelsdorff), doit marcher, par *Blacy, Loisy, Pringy* et *Saint-Martin*, sur *Pogny*. Le gros de la division la suivra par la même route ; il n'y en a, d'ailleurs, pas d'autre. Le 5e cuirassiers, spécialement préposé à la garde des bagages, a l'ordre de se jeter vers l'ouest en cas d'attaque, et fait, dans ce but, reconnaître les chemins par un officier.

Sur ces entrefaites, Vitry capitule. Un escadron de dragons est désigné pour l'occuper provisoirement, et la marche s'exécute sans encombre. La division passe sur la rive droite de la *Marne*, qu'elle franchit entre *Songy* et *Ablancourt* ; l'avant-garde atteint *Pogny* après une *marche de* 25 *kil.* Seules, quelques fractions sont maintenues sur la rive gauche.

Pendant la route, l'avant-garde a détaché 2 patrouilles d'officiers sur son flanc gauche. La première, passant par la *ferme de la Croix*, à l'est de *Sompuis*, a pris la voie romaine de *Bar-sur-Aube* à *Châlons* et l'a suivie (longeant à peu près les pentes ouest du plateau, large de 10 kil., dont la colonne longe les pentes est et nord) jusqu'au point où cette voie romaine est coupée par le chemin de *Pogny* à *Coupetz*. Elle marchait à peu près à 8-10 kil. de la colonne. — La seconde, prenant une direction intermédiaire, a marché par la *Cense de la Borde* (à l'ouest de *Courdemange*) *Maisons-en-Champagne*, *Songy* et *Togny*. — Leur présence permet à la division d'effectuer, en toute sécurité, le passage de la *Marne*. Elles avaient ordre de se relier avec les avant-postes ou l'avant-garde en des points déterminés.

Le détachement Treskow, qui s'est porté en arrière pour chercher à se relier à la division, rencontre et rejoint le 2e hussards à *La Chaussée*.

Les 2 escadrons de dragons rhénans, laissant un détachement à la garde de *Mourmelon*, atteignent les environs de Reims et bivouaquent à *Saint-Léonard*, à 4 kil. de la ville, à 55 kil. de la division.

Les cantonnements occupés sont les suivants :
Le quartier général, le 5e dragons et 3 escadrons du 2e hussards à *La Chaussée-sur-Marne* ; un escadron du 2e hussards à *Omey*. — Les 1er et 6e uhlans (brigade d'avant-garde), à *Pogny*, détachant 2 escadrons en avant-postes à *Saint-Germain-la-Ville* : le tout sur la rive droite, échelonné le long de la grande route. — L'artillerie, à *Saint-Martin-aux-Champs* ; le 5e cuirassiers, à *Cheppes* ; le 10e uhlans, probablement à *Vitry-la-Ville*. — Les bagages, à *Drouilley*. — Les cantonnements se répartissaient donc sur une profondeur de 6 kil. et sur un front de 3 kil., coupé en deux par la Marne.

Les avant-postes, formés par 2 escadrons du 6e uhlans, établis sur la hauteur au nord-ouest de *Saint-Germain-la-Ville*, les couvraient à 3 kil. en avant, tenant la route et les rares chemins qui viennent la rejoindre. Le front était de plus protégé par le cours de la *Moivre*, dont l'avant-garde, à *Pogny*, occupait le point de passage principal. Enfin, l'éloignement de l'ennemi autorisait à adopter une disposition de stationnement qui, en d'autres circonstances, eût pu être dangereuse.

La cavalerie wurtembergeoise a reçu à 3 heures du matin, à *Ville-sur-Saulx*, l'ordre d'explorer le pays au nord de la *Marne*, dans la direction de *Châlons*. Elle atteint *Courtisols* et *Frêne* par *Sermaize* et cantonne à *Courtisols* et à *Possesse*.
Les uhlans bavarois sont au *Frêne-sur-le-Moivre*.

Les fractions d'infanterie les plus rapprochées sont :
Le IIe corps bavarois, à *Possesse*.

Le V⁰ corps, à *Doucey* et *Heiltz-l'Evêque*.
Le XI⁰ corps, à *Vitry-le-François* (15 kil.) et *Farimont*.

Le quartier général du prince royal, à *Ligny*, à 80 kil. en arrière.

Journée du 26 août.

La marche du 26 s'exécute dans le même ordre que les jours précédents; le 10⁰ uhlans remplace le 6⁰ à l'avant-garde. Ce dernier régiment rentre dans la colonne et fournit un escadron à l'escorte des bagages. La division, qui s'est rassemblée près de *Pogny*, suit la grande route; une courte marche de 15 kil. l'amène à *Châlons*, où elle défile devant son chef.

Pendant ce temps, les deux escadrons de dragons rhénans, que nous avons laissés la veille à *Saint-Léonard*, à 4 kil. de *Reims*, ont reconnu cette ville et rendu compte qu'elle n'était pas occupée.

Dans une autre direction, une reconnaissance forte de 20 officiers et 40 uhlans (pris dans tous les escadrons du 10⁰ uhlans), commandée par le lieutenant de Wiese, a été envoyée sur *Epernay*, avec ordre d'explorer le pays, de couper le chemin de fer et le télégraphe, de s'emparer des lettres et des caisses publiques, de prescrire des réquisitions et d'attendre l'arrivée de la division. Après une marche de deux heures et demie, le détachement atteignait *Athis* (20 kil.), y laissait un poste de correspondance, et arrivait à *Epernay* (35 kil.). Elle y trouvait les habitants sous les armes; leur feu obligeait bientôt à la retraite cette poignée d'hommes, qui rentra à *Châlons* avec ses blessés.

A part le 5⁰ cuirassiers, cantonné à *Sarry* et à *Compertrix*, en deçà de *Châlons*, toute la division était cantonnée dans *Châlons* ou y occupait les quartiers de cavalerie.

Les avant-postes, fournis par le 10⁰ uhlans, s'étendaient au nord sur un vaste demi-cercle allant de *Récy* (à 5 kil. sur la Marne) à l'*Epine* (à 8 kil.), sur la route de *Metz*, tout près de *Courtisols*, gardant les routes de *Condé-sur-Marne*, de *Reims*, de *Suippes* et de *Metz*.

Des pelotons à pied du 2⁰ hussards gardaient les ponts de la Marne.

Pendant toute la journée, la 6ᵉ division, de *Suippes* (22 kil.), les uhlans bavarois, du *Frêne* (25 kil.), les wurtembergeois, de *Courtisols* (11 kil.), ne cessèrent d'envoyer des patrouilles sur *Châlons*.

Les *corps d'infanterie les plus voisins* étaient :
Le Vᵉ, à *Vanault-le-Châtel* et *Vanault-les-Dames*.
Le XIᵉ, à *Saint-Lumier-en-Champagne* (30 kil.) et *Bassuet*.
Le VIᵉ, à *Thiéblemont* (à l'est de Vitry), à 48 kilomètres.
Le quartier général du prince royal, à *Révigny*, à 60 kilomètres.

Dans la nuit du 26 arrivait l'ordre de se porter vers le nord, mais si tard, que les corps ne purent songer à l'exécuter avant le lendemain. La 4ᵉ division ne put en temps utile reprendre sa place en avant du front, et se trouva couvrir le flanc gauche de la IIIᵉ armée. D'autres divisions de cavalerie la remplacèrent sur le nouveau front.

L'exploration cesse donc le 26 août pour la 4ᵉ division. Bientôt, dans les lignes de la IIIᵉ armée, quelques-uns de ses escadrons prendront part à quelques engagements; mais elle n'a plus de rôle indépendant. Nous cesserons donc de la suivre, l'étude de ses marches ne présentant plus d'intérêt au point de vue qui nous occupe.

Résumé des procédés employés par la 4ᵉ division.

Un officier de la 4ᵉ division (le lieutenant Mackensen) a résumé en ces termes l'ensemble du dispositif adopté pour sa division par le prince Albert[1].

« Sur la route principale marchait une forte patrouille d'officier, à environ une journée de marche de l'avant-garde ; à droite et à gauche de cette route, à une demi-journée de marche en avant de l'avant-garde et à une journée sur le flanc, deux forts déta-

---

[1] *Historique du 2ᵉ régiment de hussards.*

chements d'éclaireurs (leur effectif était d'un demi-escadron). Ils étaient fournis par le régiment de hussards. La brigade légère, formant l'avant-garde de la division, la précédait à 2,500 mètres; elle détachait elle-même, comme pointe d'avant-garde, deux escadrons, pris alternativement dans le régiment de dragons et dans le régiment de hussards et relevés tous les jours. Le gros de la division marchait généralement concentré, sous les ordres du général de Treskow ; en tête, la brigade de uhlans, puis les batteries, puis la brigade de grosse cavalerie, enfin, le détachement d'ambulance et les trains, sous la garde d'une escorte fournie par la dernière brigade..... La brigade de uhlans détachait, sur chacun de ses flancs, un escadron, marchant à hauteur de l'avant-garde et à une demi-journée de marche de la route principale. Les éclaireurs de ces escadrons et les patrouilles qui précédaient les nombreux détachements envoyés en réquisitions, à droite et à gauche de la route et en avant de la colonne, complétaient le réseau que les éclaireurs de la brigade Krosigk formaient autour de la division. Ce réseau s'étendait sur le front et sur les flancs, sur un demi-cercle d'environ une journée de marche de rayon. L'ensemble de ces détachements suffisait à assurer le service d'informations et, en même temps, à garantir la sécurité de la division pendant la marche.

« Le soir, la division s'établissait en cantonnements aussi resserrés que possible ; toutefois, une partie de la division (au moins la brigade d'avant-garde) était toujours maintenue concentrée au bivouac. » — Nous avons vu, cependant, la division bivouaquer ou cantonner tout entière dans certaines circonstances. — « La place d'alarme était toujours à proximité du quartier général ; on la choisissait telle que les armes fussent à même de se prêter un mutuel appui, dans le cas d'une attaque imprévue. Les reconnaissances poussés au loin par l'avant-garde, ainsi que les patrouilles envoyées en avant, pendant la nuit, sur certaines coupures de terrain, constituaient le système de sûreté. Ainsi, on se gardait moins par l'observation immobile que par des reconnaissances; on employait fort peu les vedettes et presque exclusivement les patrouilles. Au lieu de grand'gardes, on plaçait, la plupart du temps, des patrouilles fixes ou des postes de sous-officiers, qu'on prit bientôt l'habitude d'appeler, même dans le style officiel, des postes à la cosaque. Ces postes, poussés au loin sur toutes les routes importantes, détachaient des patrouilles en avant pour fouiller le terrain, et, sur leurs flancs, pour se relier entre eux. De plus, le gros des avant-postes (qui était toujours constitué par les deux escadrons de pointe d'avant-garde) envoyait des patrouilles sur les routes ou dans la direction des localités particulièrement importantes.

« Les troupes vivaient au moyen de réquisitions. Ces réquisitions étaient faites par des officiers que les corps de troupe détachaient sur les flancs avec des pelotons entiers, et qui étaient chargés, en premier lieu, de réquisitionner, et, subsidiairement, de reconnaître le terrain à droite et à gauche de la route, Les localités situées sur la route étaient toujours réservées à l'avant-garde. Dans chaque régiment, les escadrons se pourvoyaient eux-mêmes, chacun d'eux opérant pour son compte dans la zone qu'on lui avait préalablement assignée. De temps à autre, on envoyait des officiers chargés de réquisitionner de grandes quantités d'avoine pour toute la division. »

Ces principes sont, à peu de chose près, ceux que nos règlements ont consacrés. Faites-en disparaître un peu de formalisme, séparez plus complètement du gros de la division le service de découverte, supprimez l'abus des communications transversales, donnez à tout l'ensemble du système une allure un peu plus dégagée, et vous avez le dispositif défini dans ses grandes lignes par le règlement du 26 octobre 1883. J'ai dit : *dispositif*. Le terme est impropre. Qui parle de dispositif évoque l'idée d'un ordre invariable, ou du moins d'un ordre peu sujet à variation. Or, l'exploration ne saurait se réduire en formules. C'est un peu pour avoir voulu réglementer par le menu leur système d'exploration que, pendant les quelques jours dont je viens de rappeler l'histoire, les Allemands ont marché avec une si inconcevable lenteur. Aussi, qu'arrive-t-il? La division de cavalerie française Brahaut, arrière-garde du 5ᵉ corps, est le 16 à *Charmes*, le 17 et le 18 à *Chaumont*, le 19 à *Bar-sur-Aube*, le 20 à *Brienne*, le 21 à *Arcis-sur-Aube*, le 22 à *Sommesous*, le 23 à *Jonchery*; elle parcourt l'arc, dont la cavalerie allemande suit la corde, sans que cette dernière l'atteigne jamais, sans qu'elle arrive même à soupçonner sa présence. Un instant, près de *Saint-Dizier*, le contact est pris; il est aussitôt reperdu. On ne marche pas, on se traîne. J'ai dit que si la cavalerie allemande avait été au-dessous de son rôle, la faute pouvait un peu lui en revenir; mais elle revient aussi, elle revient surtout au commandant en chef de la IIIe armée, qui ne se rendit pas compte de ce qu'il pouvait demander à sa cavalerie et de ce qu'il devait en attendre; au commandant en chef qui ne sut pas assigner à son activité un but précis; au commandant en chef qui prétendit la tenir en lisière, jusqu'au jour où elle lui gagna à la main. Sans doute l'outil pouvait être perfectionné; mais, somme toute, il était bon. Il suffisait de savoir s'en servir; moins que cela, il suffisait de le vouloir.

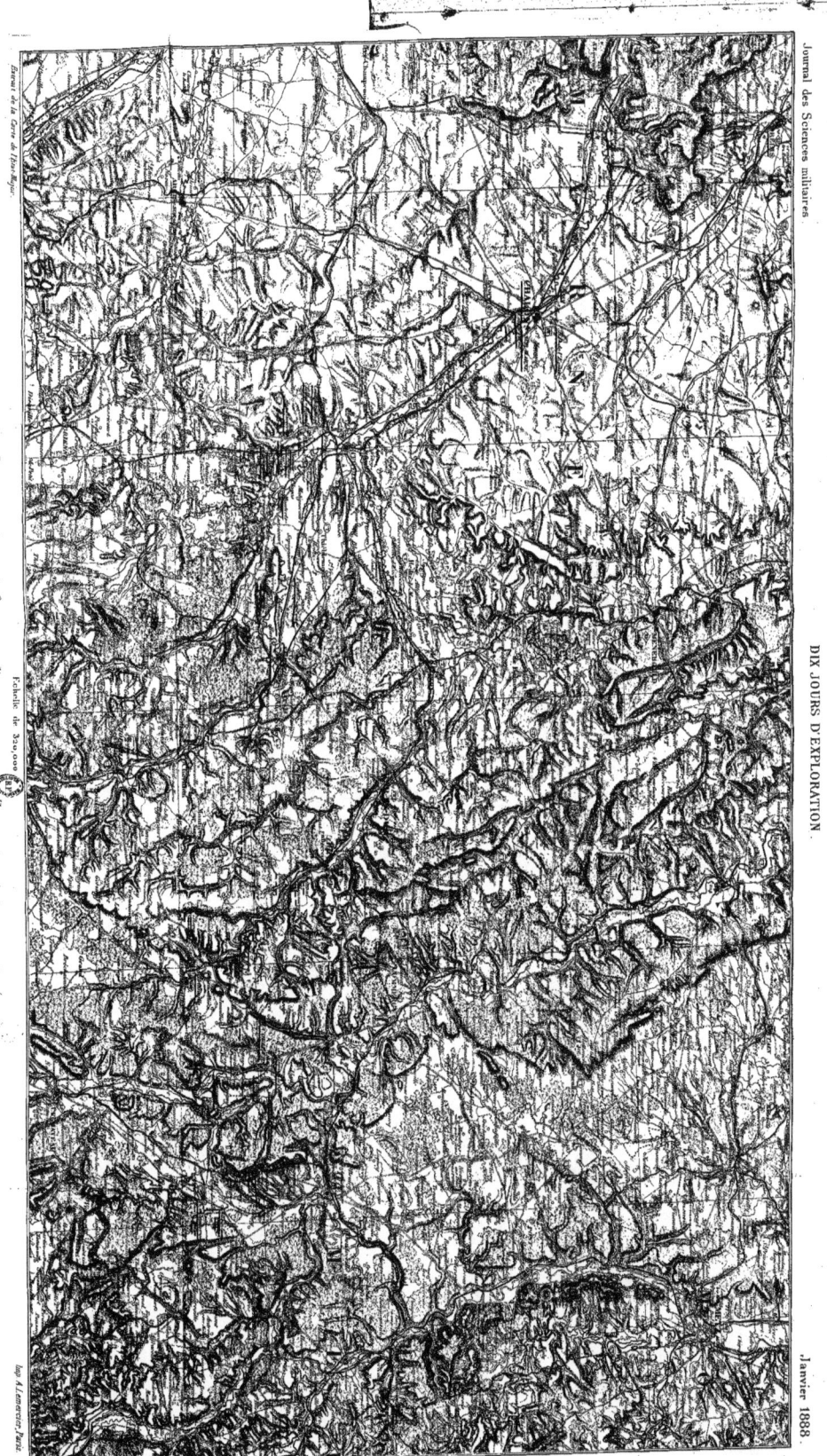

DIX JOURS D'EXPLORATION

PARIS. — IMPRIMERIE L. BAUDOIN ET Cⁱᵉ, 2, RUE CHRISTINE.

www.ingramcontent.com/pod-product-compliance
Lightning Source LLC
Chambersburg PA
CBHW070658050426
42451CB00008B/415